À tous les enfants en difficulté auxquels j'ai pu apporter mon aide et qui, par leur enthousiasme et leur persévérance, m'ont insufflé l'énergie et le désir de créer pour eux, semaine après semaine, ces petites histoires tant convoitées qui font aujourd'hui l'objet du présent recueil.

Claude Huguenin

Ainsi que vous pourrez le constater, les illustrations figurent systématiquement au verso des textes qui leur correspondent. Il ne s'agit pas là d'une erreur d'impression, mais bien d'un choix pédagogique délibéré.

Afin que l'enfant ne soit pas perturbé dans son exercice de lecture par l'image se rapportant au texte précédant, il pourra, grâce au rabat de la couverture, cacher cette illustration et poursuivre sans problème l'activité de lecture.

AIDEZ-VOUS DES REPÈRES TYPOGRAPHIQUES !

ÉCRITURE GRISÉE :

indique les lettres muettes.

ÉCRITURE EN *ITALIQUE* :

mots que l'enfant n'est en principe pas capable de lire seul à ce stade de l'apprentissage et qui nécessitent donc l'aide de l'adulte.

APPLICATION PRATIQUE

Prendre la première histoire, intitulée « la dame à la mode ». Elle propose la phrase : « La dame achète une robe ».

Voici comment va procéder l'enfant :

1. IL CACHE L'ILLUSTRATION PRÉCÉDENTE à l'aide du rabat de la couverture pour éviter tout risque de confusion avec la page précédente.

2. IL LIT la phrase.

3. IL S'INTERROGE immédiatement sur le sens de cette phrase en se faisant une représentation mentale de la situation décrite par le texte.

4. IL VÉRIFIE ensuite avec l'image figurant au dos, que l'exercice de lecture s'est effectué correctement.

SOMMAIRE

1 - La dame à la mode — p.5

2 - Le joli pull — p.17

3 - Gulu "story" — p.31

4 - Le vélo de Petit Malin — p.49

5 - Le gulu et le chocolat — p.61

6 - L'animal d'Ali — p.75

7 - Madame i a la grippe — p.87

8 - La bulle de monsieur o — p.99

9 - Les frites de madame i — p.111

10 - La chute de Lili la chipie — p.125

11 - Sorcière, tu dors ? — p.137

La dame à la mode

La dame achète une robe.

La robe se déchire.

Un bêta
rigole.

La dame se fâche.

Le bêta
a volé
un pull.

Il lave
le pull.

Il sèche
le pull.

Il passe
le petit pull.

furiosa
regarde
le bêta.

Gulu "story"

Le gulu se lève.

Il se lave.

Il avale
un bol de chocolat.

Il part
à l'école.

Il rate
le bus.

Il arrive en retard.

martine se fâche.

Le bêta
a cassé
le vélo de
petit *malin*.

Le vélo n'a plus de pédales.

La fée
répare
le vélo.

Petit *malin*
sèche
ses larmes.

Le gulu et le chocolat

Le gulu
avale trop
de chocolat.

Il est
malade.

Il dort mal.

Il rêve
de chocolat.

La fée
lui donne
du sirop.

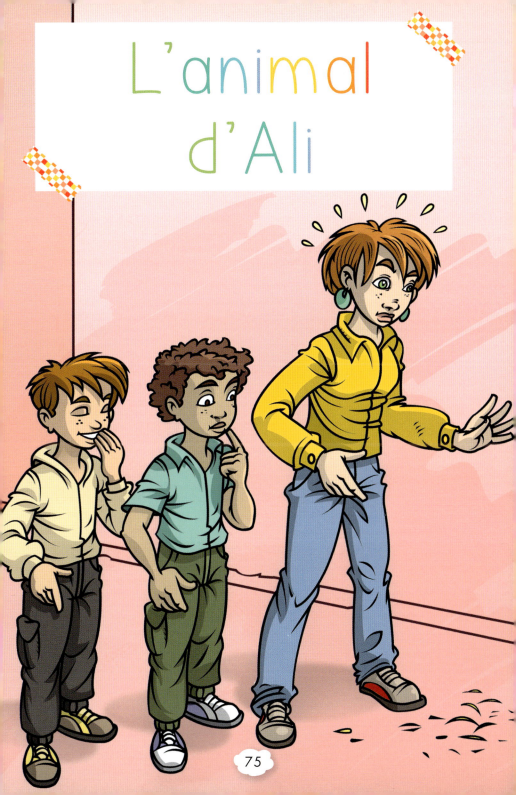

Petit *malin*
arrive
à l'école.

Ali est déjà dans la classe.

Ali a pris
sa vache
avec lui.

Martine est très fâchée.

85

Madame i a la grippe

madame i
se promène
avec
sérénité.

Elle n'a pas prévu la pluie.

Elle n'a pas pris de parapluie.

madame i
n'arrive
plus à dire
un mot.

97

Monsieur O admire sa plus grosse bulle.

La bulle arrive sur la tartine de *monsieur* a.

monsieur a
ôte la
bulle :
elle éclate !

Monsieur O est triste.

Les frites de madame i

Le frigo est vide.

madame i

a une

marmite *et*

de l'huile.

madame i attrape sa patate.

madame i
prépare
des frites.

Petit *malin*
se régale.

La chute de Lili la chipie

Lili la chipie
détale vite.

Elle a mis
un pétard
dans
la sacoche
d'arthur
fracasse.

Elle trébuche
et rate
une marche.

Elle bascule
sur *un*
stupide
bêta.

Sorcière, tu dors ?

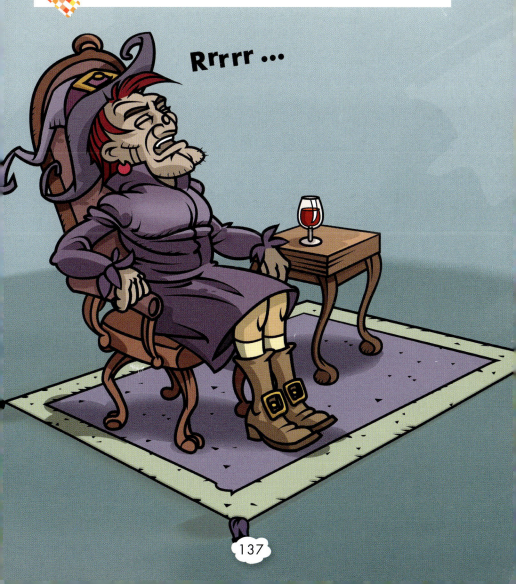

furiosa

a puni

le petit

bêta.

*E*lle allume
la télé
et regarde
un film.

Un bêta lui donne un somnifère.

Les bêtas rigolent et avalent des tonnes de biscuits.

POUR ALLER PLUS LOIN,
découvrez le recueil de textes Niveau 1 - Volume 2

Ce second recueil s'inscrit dans la continuité du volume 1 avec des histoires un peu plus longues que le premier opus, mais de difficulté similaire.

L'enfant consolidera ainsi le processus de lecture, avant d'aborder les correspondances plus complexes («ou», «an», «on»...) contenues dans le recueil niveau 2.

ISBN : 978-2-366470-37-6

La collection "Mes premières lectures"

propose des ouvrages pédagogiques innovants particulièrement bien adaptés à l'exercice souvent laborieux des premières lectures.

En effet, leur conception appropriée aux jeunes lecteurs débutants offre des conditions optimales pour le renforcement et l'automatisation progressive des processus de lecture.